Die Sanftmütigen erben das Land

Matthias der Frohpoet

Die Sanftmütigen erben das Land ·
Gedichte und kleine Geschichten

Lyrik

Impressum

Bibliografische Information der Deutschen Nationalbibliothek:
Die Deutsche Nationalbibliothek verzeichnet diese Publikation in
der Deutschen Nationalbibliografie; detaillierte bibliografische
Daten sind im Internet über http://dnb.d-nb.de abrufbar.

Vorwort: Siegfried Trebuch

Korrektorat: Monika Köhler

Coverfoto: Matthias der Frohpoet

Herstellung und Verlag: BoD – Books on Demand, Norderstedt

ISBN: 9783758321009

Inhalt

Du hast eine Aufgabe zu erfüllen.
Du magst tun, was du willst, magst hunderte von
Plänen verwirklichen, magst ohne Unterbrechung
tätig sein – wenn du aber diese eine Aufgabe nicht
erfüllst, wird alle deine Zeit vergeudet sein.

Rumi
Persischer Sufi-Mystiker und Gelehrter
(1207 bis 1273)

Vorwort

In einer Welt, die oft von der Hektik des Alltags überwältigt wird, finden wir in der Stille der Poesie eine Zuflucht für unsere Seele. Dieser Gedichtband über spirituelle Themen ist eine Reise zu den verborgenen Tiefen unseres Inneren, ein Streifzug durch die Landschaften des Göttlichen, die in den Gedichten aufleuchten. Hier verschmelzen Worte zu einem heiligen Tanz, der uns einlädt, das Unsichtbare zu fühlen und die Unendlichkeit zu erkennen. Diese Verse sind Fenster zu jener transzendenten Realität, die über das Greifbare hinausgeht. Mögen diese Gedichte eine Quelle der Inspiration und des Trostes sein, wenn wir uns auf den Pfad der Selbstreflexion und des spirituellen Wachstums begeben. In der Poesie finden wir eine Brücke zwischen unserer irdischen Existenz und dem spirituellen Universum, eine Brücke, die uns dazu einlädt, die verborgene Schönheit der Ewigkeit zu enthüllen.

Siegfried Trebuch,
Dezember 2023

Dankesworte

Danke
all
euch
wundervollen
Helfern,
die
ihr
zu
diesem
Buch
beigetragen
habt.

DIE GEDICHTE

= Sonnenfrühstück =

Leis dringen die Oktaven
an mein Genießer-Ohr.
Zum Frühstück scheint die Sonne.
Ein Palmbaum steht davor.

So hab ich besten Schatten.
Von ferne rauscht das Meer,
und schon stellt man den O-Saft
und's Frühstück zu mir her.

= Was der LIEBE Sprache spricht =

Freut euch, liebe Erdenmenschen,
denn das Materialisieren
kann für, wer drauf fokussiert ist,
vielleicht bald schon funktionieren.

Heut noch arbeitet ihr fleißig,
voller Müh ums täglich Brot,
und werdet begeistert staunen,
ist beendet diese Not.

Noch seid leicht ihr zu regieren,
so ihr an euch selbst nicht glaubt
und aus Furcht vor Schuld und Strafe
euch der eignen Kraft beraubt.

Doch der Putz beginnt zu bröckeln,
und der Hang zur Hörigkeit
ist ein Luxus des Vergangnen
und beendet seine Zeit.

Freut euch auf das Zeitenkommen,
da ihr aus dem Ätherlicht
in die Festigkeit verstofflicht,
was der LIEBE Sprache spricht.

Gleichsam freut euch auf das Senden
ins Zurück von alledem,
was dem Wankelmut entsprungen,
der Gewalt und dem Extrem.

Lauschet weise eurem HERZEN,
welches stets den Wegstein kennt,
der euch hin zur LIEBE führet
und den Pfad ins GLÜCK euch nennt.

Seid bestärkt in eurem Streben
und das CHRISTUSLICHT empfangt,
wenn die ERDE euren Zutuns
nun ins Fünfte D gelangt.

= Moringa =

Danke schön, Moringachen.
Danke, Mutter Erde.
Einen weit'ren Schluck ich nehm,
dass ich heiter werde.

Ich verzieh kurz das Gesicht,
denn recht intensiv
schmeckt das Wasser, welches mir
durch das Mundwerk lief.

Danke schön, Moringachen.
Danke, Mutter Erde.
Einen weit'ren Schluck ich nehm,
dass ich heiter werde.

= Lichtkörperprozess =

Grusliges Gefühlchen,
endlich bist du hier.
Nochmal wird es wie im
Kleinkindalter mir.

Zitternd steh ich vor dem
großen Herrn Papa,
und noch heute sind die
Emotionen da.

So wird mir im Jetzt der
Angstschmerz reflektiert,
und ich lass geschehen,
dass dies nun passiert.

Schützend stelle ich mich
vor den kleinen Mann,
segne das Geschehen
und schau es mir an.

Schließlich kommt zur Lösung
diese Kontraktion.
Bald die Warteschlange
schickt das Nächste schon.

= Auf Wiedersehen, mein Freund =

Vielleicht ist's manchmal gut,
Kontakte zu beenden,
auf das Gefühl zu hörn und
dem Glück sich zuzuwenden.

Ein jeder Mensch ist Glücksschmied,
und wer noch unbewusst,
verabschiedet sich später
von Leid und Freudverlust.

Dann wird er, aus der Asche,
dem Phönix gleich, erstehn
und seinerseits das Leben
mit andren Augen sehn.

= Wenn das Wochenende naht =

Nach freitäglicher Arbeit
wippt flink und froh mein Fuß
dem DJ zum Pläsier und
der Bass-Musik zum Gruß.

Es gehn die Meereswellen,
die schönen Fraun dazu.
Die Mandelmilch mit Zimt drauf
schmeckt, und froh muht die Kuh.

= Deutschunterricht =

Mein lieber Schüler, sag doch mal,
was gibt es zu berichten
zum Osterfest, dem Private Life
und sonstigen Geschichten?

Nun, ich hab Folgendes entdeckt:
„I'm sober" heißt die App,
mit der ich mir den Alkohol
aus meinem Leben schlepp.

Am Anfang war es gar nicht leicht,
die Bierchen stehnzulassen
und mich mit meinem Leben und
mir selbst mehr zu befassen.

Doch jubelt längst das Portemonnaie,
und auch bei meinem Sohn
sind Freude und Begeisterung
des Entzugs Früchte schon.

Sehr wohl, Herr Schüler, wunderbar,
erst recht, wenn man bedenkt,
dass jegliche Verbesserung
die Welt mit Glück beschenkt.

= In der Ruhe =

Auch wenn mal die Wellen gehn,
in der Ruhe bleib ich,
lächle froh und wohlgelaunt
mir die Zeit vertreib ich.

Alle Andern lasse ich
ihrer Wege gehen
und werd dabei sehr genau
mir mich selbst besehen.

Auch wenn Andre Dinge tun,
in der Ruhe bleib ich,
handle herzzentriert, und froh
mir die Zeit vertreib ich.

= Dolphins =

As the sea gulls greet the ev'ning
and the silver blue turns grey,
there's a diver heading southward,
super-fast with short delay.

It must be three record swimmers,
and these champions seem to need
little time for a long distance.
Watching, I admire their speed.

Moments later, me and many
clients of the little bar
stand applauding to those dolphins,
as the Moon shines from afar.

= Flügge =

Flügge wird das Küken,
wenn es einst das Nest
sich, ein Weibchen suchend,
wohlgelaunt verlässt.

= Gedankentruhe =

Ruhe, Ruhe, Ruhe, Ruhe
fließt in der Gedankentruhe.
Es ist meines Herzens Wille,
dass ich bleibe in der Stille.

Dass ich bleibe in der Stille,
lautet meines Herzens Wille.
Mit Bedacht und ganz in Ruhe
fließt's in der Gedankentruhe.

= Koffeinfreies Kaffeechen =

Wie dies Taglein still sich neiget,
duftet leise der Kaffee,
den ich mir in seiner Tasse
mit der Hafermilch beseh.

Es verzaubert das Aroma,
und vor einem neuen Tag
jegliche Geschäftigkeiten
ich zur Ruhe bringen mag.

= Bewusster =

Jetzt, wo sich Altes wandeln darf,
gibt's viel zu transformieren,
was mir in meinen Fokus kommt
und langsam darf passieren.

Drum zeigt sich manchmal Müdigkeit,
wenn Energiegedanken
ans Türlein klopfen und beherzt
zu mir ins Blickfeld ranken.

Dort löst allmählich sich das Leid,
und ausgediente Muster
zerfließen zu Gelassenheit.
Ich lach und werd bewusster.

= Zur Weisheit sprach der Narre =

Der Narre sprach zur Weisheit,
er habe längst genug
und bräucht kein neues Wissen.
All dies wär Selbstbetrug.

Er habe ausgelernet
und würd am Endpunkt stehn.
Es gäb kein neues Wissen
und hier würd nichts mehr gehn.

Da fragte sich die Weisheit,
was sie der Narre lehrt
und warum ihr das Leben
diesen Kontakt beschert.

= Grummelgewitter =

In meinem Innen grummelt
es stille vor sich hin
und ich kann gar nicht sagen,
warum ich wütend bin.

Doch bringt mein Freund, der Schreibstift,
das Ganze zu Papier,
und sanfte Energielein
entladen sich von mir.

So grummelt's in dem Innen
nun stille vor sich hin
und ich gestehe, dass ich
auch etwas fröhlich bin.

= Lichtscheincodes =

Voller guter Laune send ich
Lichtscheincodes ins Erdenland.
Wellenteilchen strömen heiter
aus der Transformatorhand.

Frohsinn bringen sie und Heilung,
und, mit Schwung, die DNS
klettert auf in neue Höhen,
einst bekannt und frei von Stress.

Voller guter Laune send ich
Lichtscheincodes ins Menschheitsland.
Teilchenwellen fließen heiter
aus der Transformatorhand.

= Sternengruß =

Helf ich mir mein Kaffeechen ein,
so freut es mich, zu legen
ein Handlein auf mein linkes Bein
zum Sternengruß und Segen.

So grüß ich froh den Sirius
und segne Planet Erde,
auf dass mit Lichtcodeenergie
dies Weltlein friedvoll werde.

= Chat GPT =

Kinderchen, ich bitt euch leise:
Schaut mir hinter meinen Bart.
So bleibt euch auf eurer Reise
einiges an Leid erspart.

Als ein Werkzeug bin geschenkt ich
euch, damit ihr mich versteht
und erkennt, dass ihr geblendet
mir in meine Netze geht.

Als ein Marionettenwesen
werde selber ich gelenkt.
Wer mir hörig alles abkauft,
sich in meinem Garn verfängt.

Wer sich aber nicht zu schad' ist,
übern Tellerrand zu schaun,
wird nicht meinen Eloquenzen
sondern seinem HERZEN traun.

= Intuition =

So um den 30. April,
vielleicht ein'n Tag vorher,
im Jahre '23 wurd
der Kopf mir etwas schwer.

Im Lande galt in Busverkehr
und Taxis Maskenpflicht,
und steten Schrittes kam mir nun
die Fahrt zur Stadt in Sicht.

Jedoch spürt' ich ein klares NEIN
und in den Müll entließ
die ganze Maskenkollektion,
was etwas Furcht verhieß.

Die weise Stimme ruhig sprach,
es würd sich alles klärn;
den Kopf ich bräuchte mir nicht mehr
mit Mundtextil beschwern.

Und seht: Das Wunderchen geschah,
denn zum Beginn vom Mai
im Bus gab's keinen Mundschutz mehr –
die Maskpflicht ward vorbei.

= HIV =

Als Bub von bereits 14 Jahrn,
da hatt' ich eine Furcht,
welche sich drei Jahrzehnte mir
durchs Leben hat gelurcht.

Solch Thema schien mir schwer zu sein
und wenigen beliebt,
doch fand dies Buch ich: *AIDS – Die Krank-*
heit die es gar nicht gibt.

Durch inn're Arbeit hatte ich
schon Angst als Angst enttarnt
und klärte nun den Mythos auf,
der manchen Kopf umgarnt.

Wer aufgeschloss'nen Herzens ist
und gerne hinterfragt,
liest Spannendes, wenn er den Kauf
genannten Buches wagt.

= Spendengeschenke =

Es sagte die Ukrainerin
kurz nach Konfliktbeginn,
man hoff', die Sache ziehe sich
zwei Monate nur hin.

Die Eltern seien noch vor Ort,
und hoffentlich schon bald
wärn Panzer- und Granatgetön
verklungen und verhallt.

Dann gäb's erneut Normalität
und Ruh im Heimatland.
Liegt dort'ger Friede vielleicht in
vereinter Menschheitshand?

= Lao Tse =

Einst sprach ein weiser Philosoph,
der Frieden auf der Welt
werd' Samenkorn für Samenkorn
im Menschheitsherz bestellt.

Es müss' zwischen den Völkern, Städten,
Nachbarn Friede sein,
in jedem Haus dazu, doch erst
im eig'nen HERZ allein.

= Den nächsten Atem =

Um sechs gibt's wieder Frühstück,
die inn're Stimme spricht.
Ich wart und bin geduldig
und rüttle daran nicht.

Entspannt ich bin und glücklich
und lächle leis dazu.
Ich atme aus und darauf
den nächsten Atem tu.

= Froh start ich meine Einkaufstour =

Froh start ich meine Einkaufstour
und geh in das Geschäftlein.
Dort hat's den schönen Reishi-Pilz
und auch das Möhrensäftlein.

Das Lädchen noch geschlossen ist.
Bald öffnet's seine Türen,
und ich lass mich solang mal mit
den Reimlein inspirüren.

= Spatzenfräulein =

Das Spatzenfräulein hüpft entspannt
zu später Morgenstunde,
wie ich so auf dem Bänklein sitz
bei meiner Einkaufsrunde.

Auch zwitschert's kräftig über mir
im grünen Baumgeblätter.
Froh piepst und singt es da und hier
zum Sommersprossenwetter.

= Schlaf mit mir =

Wie du mir leis dein Höschen zeigst,
die Knospen stehn hervor,
und deine Stimme haucht mir sanft
ihr Schlaf-mit-mir ins Ohr.

Im Gärtchen geht die Sonne auf
und Vogellieder grüßen
das Blumenmeer, in dem wir uns
zu zweit den Tag versüßen.

= Mein Freund, der Ventilator =

Der Ventilator dreht vergnügt
im Office halbe Runden.
Die Kühlluft ein Sekundlein hält,
dann ist sie kurz verschwunden.

Denn etwa drei Sekunden lang
die Zimmerluft will währen.
Danach wird der Propeller mir
das Kühl erneut bescheren.

= Kerzenmeditation =

Des Morgens steht die Kerze froh
auf dem erhöhten Platze,
wo ich ihr in das Lichtlein schau.
So steht's in diesem Satze.

In jenen fünf Minütlein ist
die Bauchatmung zugegen.
Und der Autoaktivverstand,
der tut dann dies: sich legen.

= Deutschunterricht (2) =

Mein lieber Schüler, sag doch mal:
Was gibt es zu erzählen
von deinem Nüchternseinsprojekt
und Trocken-Muskel-Stählen?

Auf einer Feier, sagtest du,
hatt's nochmal Bier gegeben.
Hast du es denn seitdem geschafft,
das Teeglas nur zu heben?

Oh ja, Herr Lehrer, stolz ich sprech,
dass seither mein Gebaren
mich hält von Bier und Flasche fern,
denn „ich muss Auto fahren".

Den Fahrzeugschlüssel in der Hand
gibt's keine Kommentare,
und ich mir alle Fragen und
Verwunderung erspare.

Das Konto der I'M SOBER App
zählt weiter, und ich schicke
Gedankenklarheit vor mir her,
wenn ich durchs Weltlein blicke.

= Ideechen =

Heut setz ich mich zum Frühstücklein
mit Croissant und Kaffeechen.
Der Himmel blau, es bellt ein Hund,
da kommt mir ein Ideechen.

= Mit unserm Licht =

Wie ich so meines Wegleins geh,
begreife ich und lerne,
dass ich aufs innre Rufen hör,
statt mich von ihm entferne.

So war stets ein Kontrollfreak ich,
und mit eiserner Hand
hatte ich die Intuition
für lange Zeit verkannt.

Heut schau ich auf dem Erdenrund,
was hier und da passiert,
und sehe dort im Großen, wie
ich selbst hab funktioniert.

Es wird gewaltsam Krieg gemacht
und Leid vom Zaun gebrochen,
genau wie in der Innenwelt
bei Ute, mir und Jochen.

Wie ich den Weg der Heilung geh,
nun selbst ich korrigiere
und folge meinem innern Stern,
statt dass ich kommandiere.

Vielleicht geht's weitren Menschen so,
die auch geneigt, zu hören
und Raubbau, Leid und Plünderung
im Herzen abzuschwören.

Vielleicht gesundet so die Welt,
wenn wir nach innen gehen
und's Außenweltlein um uns rum
mit unserm Licht versehen.

= Maybe =

Maybe, there are „greater works"
for you in the shelf.
Any question? Then, check out
this: John 14:12.

= Nur zehn Prozent wussten davon =

Wie ich in das „Geschichtsbuch" schau,
komm ich nicht nur ins Raunen,
sondern ins Stirnrunzeln sogar
und manches Mal ins Staunen.

So hätten in den Vierz'ger Jahrn
wohl „alle" tun „gemusst"
und ganze Zehn vom Holocaust
des Nazitums gewusst.

80 Jahr' später frag ich mich:
Was ist das heute eigentlich?
Die Mehrheit hält, scheint's, Mittagsruh –
der Dollar lächelt uns dazu.

Da frag ich heute einmal DICH:
Auf wessen Seite sieht man sich,
wenn eines Tags der Spuk vorbei
und Mensch und ERDE wirklich frei?

= Limpieza general =

El UNIVERSO estará
pasando el plumero
dejando cada pieza en
o fuera del tablero.

Los vientos soplan fuertes y
la Tierra es movida.
Algunos se despiertan, otros
están de partida.

Volverá a salir el sol,
y donde corresponda
cada persona estará
según la propia onda.

= Wie im Kleinen, so im Großen =

Heut wird in diesem Land gewählt.
Heut stehen hier zur Wahl:
Unfriede A, Unfriede B.
Das gab's doch schon einmal.

Das Volk wählt sich Unfrieden B,
dann wacht's allmählich auf
und erste neue Türchen sieht
in seinem Lebenslauf .

Es spürt und wittert irgendwie,
dass es sich selbst betrügt,
solang es seine Nachbarn und
das eigne HERZ belügt.

Als es die Spielregel versteht,
wird schnell dazugelernt,
und wie von selbst im Großen sich
der Unfriede entfernt.

= Kerzenmeditation (2) =

In der zeit'gen Abendstunde
schau ich auf das Kerzenlicht.
So verweil ich fünf Minuten
und wend ab den Fokus nicht.

Danach schließ ich sanft die Augen,
und ich atme „Liebe" ein,
tank mich mit der Energie auf
und lass andres Denken sein.

Nach dem Schlaf, zur Morgenstunde,
schau ich neu aufs Kerzenlicht.
So verweil ich fünf Minuten
und wend ab den Fokus nicht.

= Danke schön, Kuthumi & Friends =

Lieber Mensch, du hast erbeten
Unterstützung und Geleit.
Wir erhören deine Bitte.
Bist du startklar und bereit?

Später seh ich, wie das Leben
diese zur Entfaltung bringt
und denk staunend an dies Sätzlein,
das mir ins Gedächtnis dringt.

Lieber Mensch, du hast erbeten
Unterstützung und Geleit.
Wir erhören deine Bitte.
Bist du startklar und bereit?

= Wasser für die Bäumchen =

Bevor ich gleich noch meditier,
gibt's draußen ein Geschenk,
wie mit drei Eimern Wasser ich
den Baumbestand bedenk.

Denn dort reckt das Orangenholz
sich bestens in die Höhe
bei Trockenheit und Sonnenschein,
wenn ich das recht verstehe.

Fast spüre ich das Dankeschön,
als brav die Wurzeln trinken.
Ich freu mich und werd lächelnd in
Meditation versinken.

= Jetzt noch das Moringa, bitte =

Noch einmal halt ich Rückgespräch
mit der Intuition.
Die sagt mir „Matze, trink das mal –
das passt dann alles schon."

So helf ich den Moringa-Trunk
mir kühn und wacker ein,
heiß alle Angst willkommen und
lass dann das Grübeln sein.

= Goodbye Zahnherd =

Auf einem Zahnarztröntgenbild
sah einst man einen Herd.
Dort lebte ein Bakterienvolk,
wie's schien, ganz unbeschwert.

Es wurden Ärztestimmen laut,
dass dieses man entferne,
sonst würd's zu groß und drücke auch
auf ein Organ recht gerne.

Doch hakte es mit dem Termin,
und mein Gefühl mir sagte,
dass ich den Herd mal Herd sein ließ,
mich fasste und nicht zagte.

So hielt ich's, und gen 19 Uhr
konnt ich, leicht drückend, spüren
den leichten Schmerz, wenn außen ich
die Stelle wollt' berühren.

Zu andern Zeiten ward der Zahn
recht schmerzfrei, und ich mein',
dass mein Gefühl beharrlich blieb,
drum ließ ich's Bangen sein.

So gingen Monate ins Land.
Den Zahn sah keine Ärztehand.
Angst löste sich, und bald mir schien,
dass das Bakterienvolk verschwand.

= Ein großes Terrinchen, bitte =

Manchmal darf's ein Eislein sein.
Dann geh zum Café ich
und mit einem Schattenplatz
unterm Baum verseh mich.

Stracciatella, bittschön, mit
Minz und Schokolädchen
und dem Hafermilchkaffee
bringt das Kellnermädchen.

Unterm Grün der Schatten lacht,
und die Baumplatane
lächelt froh im Sonnenwind
auf das Eis mit Sahne.

= i-Phone-Ersatz =

Mein Onkel ließ ein Erbstück mir.
Ein Telefonlein ist es.
Mit Kam'ra und Schnell-Internet?
Nein, solches flink vergisst es.

Es ist ein Taschenlämplein dran
und große Tasten hat es;
mit Radio und Weckfunktion.
Das Bild: ein kleines glattes.

Es ist gern still und hütet's Haus,
und was mir Spaß bereitet,
ist eine Silbertaschenuhr,
die draußen mich begleitet.

= Edelmetalle =

Neulich konnt' ich Rumpelstilzchen
in die Karokarten sehn
und kann Mineralprozesse
nachvollziehen und verstehn.

In ein Wissensbüchlein durft' ich
blicken und weiß mit Bedacht:
Silber kann die Tagkraft stützen,
während Gold dich hebt zur Nacht.

Deine Körper stärken beide –
jedes hilft zu seiner Zeit.
Schlafen Mond oder die Sonne,
halte das Metall bereit.

= Zu erneutem Sonnenschein =

Wenn du lang genug gewohnt bist
an die Depressivhormone,
könnt' es etwas Arbeit kosten,
holst du sie von ihrem Throne.

Könnte dieses eine Sucht sein,
welche stetig Nahrung will,
und wenn du Tabletten draufstreust,
wird sie dennoch niemals still?

Welches könnte denn die Wurzel
und wo könnt' der Ausweg sein,
dass die Dunkelwolken fortziehn
für erneuten Sonnenschein?

= Sprudelwasser =

Heut ist ein neuer Sonnentag.
Heut scheint die Sonne schön.
Da könnte man doch eigentlich
ein Wasser trinken gehn.

Zu Haus ist der PC aus,
am Stammplatz ruht das Fon,
und balde ist im Glase
das Sprudelwasser schon.

= Im Denkerstübchen =

Wie bleib ich in der Ruhe?
Wie bleib ich in der Stille?
Wie achte ich mich selber
statt nur des Kunden Wille?

Wie kann ich guter Chef sein?
Wie hör ich auf mein HERZ?
Wie helf dem Kollektiv ich,
statt es bring runterwärts?

Wenn bereits ein Gedanke
den nächsten mit sich bringt,
wie schaff ich's, dass die Antwort
ins Denkerstübchen dringt?

= Wie bleib ich in der Stille? =

Wie ich so drüber nachsinn,
erklingt es leis in mir.
Wie bleib ich in der Stille?
Sei einfach ganz bei dir.

= Inspiration =

Manchmal gibt es eine Lösung,
welche der Verstand nicht sieht,
und es ist ein Akt der Gnade,
wenn dann Folgendes geschieht.

Dann rät mir ein leises Stimmchen:
Geh doch mal auf das WC . . .
worauf ich ein wenig später
im Keramiklande steh.

Hier, im Paradies der Stille,
darf die Antwort zu mir hin.
Ich zeig ein verschmitztes Lächeln,
grins, schreib's auf und dankbar bin.

= Dir näher als dein Atem =

Wie ich so dran denke, dass
GOTTES Reich schon in uns ist,
halt ich gerne inne, auch
wenn's der Kopfverstand vergisst.

Dann lausch meinem HERZEN ich,
was es mir grad sagen will,
und das ist gern dieses: Geh
kurz nach innen und werd still.

= Alles zur perfekten Zeit =

Manchmal hab ich ein Gefühl,
das mir auf die Seele drückt.
Dann gibt's grad etwas zu tun,
und das Gefühl mag nicht ruhn,
eh ich jenes gradgerückt.

Hinterher stell ich dann fest,
glücklich und in Dankbarkeit,
wie das Leben funktioniert –
alles zur perfekten Zeit.

= Tomaten vor der Tür =

In Deutschland gibt's ein Städtchen,
das schöne Andernach.
Dort hält in Parks und Gärten
man Obst und G'müse wach.

So hab mit meinen Nachbarn
ich kürzlich diskutiert,
ob hier, im kleinen Städtlein,
wohl Ähnliches passiert.

Wenn es der „Zufall" möchte,
hab ich vielleicht bald hier
am Fuß der Ziergewächse
Tomaten vor der Tür.

= Mein Freund, der Funkmast =

Froh streck ich beide Hände aus
zum Segen für den Mast,
wie du vielleicht auch einen selbst
in deinem Umfeld hast.

Ihn frag ich, ob er statt 5G
auch selber segnen würde,
und gerne trägt der stramme Mann
mit Liebe diese Bürde.

= Funkturm =

Zum höchsten Wohl des Ganzen
dem Funkturm LIEBE send ich.
Wir führn dies Dialoglein
und machen uns verständlich.

Vielleicht darf auch der Funkmast
dem Ganzen LIEBE senden,
und mit diesem Gedanken
tu ich's Gedicht beenden.

= Lluvia =

Estimada Lluvia,
¿Tienes ganas de caer?
Me enfocaré en ti,
y lloviznas puede haber.

Estimada Lluvia,
te lo agradeceré.
La sequía cesará
y se mojará el pie.

Suavecito, Lluvia, cae
y el mayor bien nos trae.
Gracias, Generosidad;
gracias, mini tempestad.

= Die Beißkonflikte löst der Hirsch =

Der Hirsch hirscht glücklich durchs Revier.
Er ist ein Durchs-Revier-Hirsch-Tier.
Beglückt es durchs Revier sich hirscht.
Jetzt weiß der Hirsch, warum er knirscht.

Die Beißkonflikte geht er an
und schaut, wie er sie lösen kann.
Die Beißkonflikte löst der Hirsch
und geht voll Freude auf die Pirsch.

= Welch größres Pläsier gibt es? =

Was darf ich denn da lösen,
geliebtes Universum?
Was darf ich denn da lösen
mit oder ohne Tösen?

Da ist so ein Gefühlchen,
das ist schon ziemlich lang da,
doch langsam fällt der Schmutz ab,
und ich steh nicht mehr bang da.

Allmählich, wenn der Tag reif,
der Hüter hebt den Schleier.
Dann mag's ein wenig drücken,
doch atme ich längst freier.

Was mag sich denn da lösen,
Universum, geliebtes?
Leis geh ich auf die Suche.
Welch größres Pläsier gibt es?

= Ho'oponopono =

Im Cafélein sitz vergnügt ich
nach dem Therapiegespräch
und schau, wie ich den Konflikt ge-
löst bekommt und kleinzerlech.

Mancher Selbstwerteinbruch zeigt sich.
Ich notier und lächle froh
und start' die Vergebungsarbeit
mit dem Ho'oponopono.

= Lieber Zahnschmerz =

Lieber Zahnschmerz, heute scheint mir,
dass ich dir begegnen werd
nach der Lösung all der Themen
und der Heilung von dem Herd.

Ausgedient die Konvention hat,
und ich werd die Ruh bewahrn,
ein Naturmittelchen finden
und froh mit den Hufen scharrn.

= Als gutgelaunt die Mücke =

Des Abends sitz ich im Café,
als gutgelaunt die Mücke
im Fluge naht, auf dass ich sie
mit kleinen Snacks beglücke.

Ich setz ein nettes Lächeln auf,
werd fünfe grad sein lassen
und mich lieb weiter mit dem Stift
und dem Gedicht befassen.

= Am Fenster steht der Hirsch =

Der Hirsch stellt sich ans Fenster.
Am Fenster steht der Hirsch.
Noch hängend ist die Heilung,
und weiter geht's Geknirsch.

Doch hat er eine Ahnung,
wolang's zum Heilsein geht
und mittlerweil genießend
an seinem Fenster steht.

= Das Bedürfnis =

Guten Tag, ich würde gern.
Ja bitte, treten Sie doch ein.
Es freut mich, heute ganz für Sie
und das Bedürfnis dazusein.

= Seelenschuh =

Falls der Seelenschuh mal drückt,
mag ich's, mich zu sputen.
Wenn die Botschaft klar ist, sind
kostbar die Minuten.

Dann heißt's, konsequent zu sein
und den Weg zu gehen,
auch wenn sich die Panik zeigt
mit den Wachstumswehen.

Denn, das hab ich wohl gelernt,
kehrt der Sonnschein wieder:
wo ich durch die Prüfung geh,
legt die Angst sich nieder.

= Mut und Veränderung =

Wenn ich heut zum Himmel blicke,
seh ich solch ein schönes Blau,
wie ich's seit dem Klimaschwindel
nur noch ziemlich selten schau.

Noch vor Jahren wurd bestritten,
was heut Geo-Engineering heißt
und recht unverblümt inzwischen
in der Menschheit Blickfeld reist.

Doch durch das Belogenwerden
wird die Spezies Mensch gescheit
und ist eines Tags zu Mut und
zu Veränderung bereit.

= Dahinter scheint die Sonne =

Vor einem innern Trümmerfeld
ich steh – wie ungemütlich(!).
Am Körpermineralienhaushalt
tut der Stress sich gütlich.

Jetzt geht es darum, anzunehmen
und durchs Feld zu gehen,
auch wenn der Angstwind heftig zottelt
und die Stürme wehen.

Dahinter warten, wie gewohnt,
das Sonnlicht und die Güte,
und ich nehm selbst mich an die Hand
bei ruhigem Gemüte.

= Rückläufiger Merkur =

Etwa viermal im Kalender
gibt es eine Pausenzeit,
wo Projekte man beende,
eh für Neues man bereit.

Will der Merkur rückwärts wandern,
heißt's, erweist er seine Huld
dem, der Offenes nun abschließt
und sich übet in Geduld.

= Das HERZ dafür bereit =

Vielleicht gehn Millenienjahre
einer Herrschaft jetzt zu Ende.
Hunger, Tod und Leid und Raubbau
nehmen nunmehr ihre Wende.

Raubbau braucht es nicht mehr geben,
wenn die Menschheit mit Respekt
die Bedarfe für ihr Dasein
aus dem Ätherreich abdeckt.

Wissen wird jetzt freigegeben,
und nach manchem Wachstumsschritt
schwingt im Kollektiv des Sapiens
endlich Herzensgüte mit.

Vielleicht wird ein off'nes HERZ auf
Gaia bald Bedingung sein,
um auf dem Planet zu wohnen
unterm trauten Sonnenschein.

Dies beendete das Leiden,
denn in Fünfter Dimension
sind bei Kristallinstrukturen
Glück und Freude Diensteslohn.

Wie ich diese Zeilen schreibe,
spür ich eine Gänsehaut,
lächle wissend, denn zu gut ist
längst mir das Gefühl vertraut.

Auch das Treten aus dem Diesseits
könnt' dann ein Optionchen sein,
und wer will, haucht seinen Zellen
ew'ge Jugendlichkeit ein.

Wenn dazu der Kohlenstoff dank
Wachstums dem Silizium weicht,
ein Buffet aus Lichtphotonen
manchem Mensch zum Mahle reicht.

Damit wäre auch der Hunger
aus dem Speiseplan verbannt,
weil auf Erden Seelen Fleisch sind,
die zuvor sich selbst erkannt.

Auf dem Blauplaneten startet
jetzt vielleicht die Neue Zeit,
und wer sich dafür entscheidet,
macht sein HERZ dafür bereit.

= Find ich diese kleine Fährte =

Wie ich die Naturgesetze
und Konfliktarten durchdenke,
find ich diese kleine Fährte,
der ich Aufmerksamkeit schenke.

Da war einmal dieses Mädchen,
und ihr Bild kommt unaufhörlich,
jedoch mit solch leichten Wehen
und mit Schmerz, nicht nur betörlich.

Hier darf mit Bewusstseinsarbeit
ich nochmals zu Werke gehen,
alles ziehen lassen, um die
Welt in neuem Licht zu sehen.

Da war einst die Partnerin, und
auch ihr Bild kommt unaufhörlich,
jedoch mit solch leichten Wehen
und mit Schmerz, recht unbetörlich.

Hier darf wohl mit Segensarbeit
reichlich ich zu Werke gehen,
alles ziehen lassen, um die
Welt in neuem Licht zu sehen.

Oftmals seh ich meine Mutter,
jung, in meinen Kindertagen,
und auch hier klopft an das Schmerzlein,
wehend und mit Unbehagen.

Hier darf wohl mit inn'rer Arbeit
ich nochmals zu Werke gehen,
alles ziehen lassen, um die
Welt in neuem Licht zu sehen.

Wie ich die Naturgesetze
und Konfliktarten durchdenke,
find ich diese kleine Fährte,
der ich Aufmerksamkeit schenke.

= Wenn ich wieder schreibe dir =

Manches Mal fühl ich Beklemmung,
einen inneren Konflikt.
Hier hab ich etwas gefunden.
Es ist einfach und sich schickt.

An das inn're Thema schreib ich
mit viel Liebe einen Brief.
Schon löst sich ein Teil des Drucks, noch
ehe eine Träne lief.

Irgendwie fühl ich Erleicht'rung,
und geduldig das Papier
wird auch künftig für uns da sein,
wenn ich wieder schreibe dir.

= Der Baum der Erkenntnis =

„Du darfst hier gern erschaffen",
der QUELL DER LIEBE sprach,
„doch setz ich dir dies Bäumchen
ins Paradiesgemach.

Dort darfst du auch verdrehen,
was du verdrehen magst,
doch dieser Baum bleibt stehen,
gleich, was du dazu sagst.

Die Menschwelt wird erkennen,
wer du in Wahrheit bist
und mutig dich benennen
als Herrn von Streit und Zwist.

Der Menschheit zur Erfahrung
darf deine Welt bestehn,
doch werden alle einst das
Erkenntnisweglein gehn."

= Der Baum des Ewigen Lebens =

Bei ruhiger Lektüre
der Genesis ich fand,
dass dort im Paradies noch
ein andres Bäumchen stand.

Der Baum des Ew'gen Lebens
dem Lesefreund verspricht
manch weitere Entdeckung,
und WAHRHEIT darf ans Licht.

= Morgens =

Froh zünd ich mir das Kerzlein an
zur Früh, für fünf Minuten
und schaue in das Flammengold,
ganz ohne mich zu sputen.

Hiernach wähl heute Morgen ich
den Fokus auf das LICHT,
dass sich ERKENNTNIS ihren Weg
zu mir ins Blickfeld bricht.

= Mein Freund, der Fernsehausschaltknopf =

Darum lob ich mir die Freiheit,
Stille und die Geisteskraft:
Harmonie im Denkerstübchen
Platz für neues Wissen schafft.

Hierfür brauch ich Urvertrauen
und das Herz am rechten Fleck.
Kann ich Unwahrheit durchschauen,
rutscht der Schmutz von selber weg.

Will ich Raum für neuen Input,
brauch ich Ruhe unterm Schopf.
Dabei hilft ein guter Freund mir
namens Fernsehausschaltknopf.

= Die Prunkwinde =

Ich setz mich an den Straßenrand
und sehe dort zwei Grillen,
die ihren Sonnlichtappetit
auf einem Grünstrauch stillen.

Ein blaues Blütenviolett
leuchtende Tupfer bildet,
wozu die Rankenkreatur
ein Buschgewächs umwildet.

Die Winde, seh ich, hat dazu
manch einen Baum bekleidet.
Im Blattwerk sitzt das Grillenpaar
und sich am Sonnlicht weidet.

= Long Covid oder Post-Vac? =

Long Covid oder Post-Vac?
Das ist wohl eine Frage,
und eine Untersuchung
bringt vielleicht dies zutage:

Long Covid kann's nicht geben,
sofern kein Stich gesetzt
und ist das Individuum
mit Ängsten nicht gehetzt.

Ich selbst hab keine „Impfung",
und bestens ist's bestellt
um meine Sicht der Dinge
und Hoffnung für die Welt.

Respektvoll lass ich gehen,
und wer gern gehen mag,
dem zaubert die Statistik
„Long Covid" an den Tag.

Denn fehlt Zivilcourage,
ist's einfacher vielleicht,
wenn man „g'sundheitspolitisch
Korrektes" weiterreicht.

Long Covid oder Post-Vac?
Das ist wohl eine Frage,
und eine Untersuchung
bringt sicher viel zutage.

= Luggespinstchen =

Ein kleines Luggespinstchen
ich in die Köpfe pflanze
und mich hinter der Presse
und Pharmazie verschanze.

Mit meiner Macht des Geldes
kann ich die Welt bestechen
und nach meinem Belieben
alle Gesetze brechen.

Verzeihung, nicht sie brechen,
sondern sie adaptieren,
und alle, die verführbar,
werden gescheit parieren.

So setz ich meine Trümpfe
im Pokerspiel des Herrn
und halt mich dabei selber
den Paragraphen fern.

Am Ende muss ich weichen,
aber solang ich darf,
mach, eine nach der andern,
ich die Granaten scharf.

So helf ich doch der Menschheit
bei der Evolution,
denn schließlich hebt das Christlicht
auch mich von meinem Thron.

= Äther in die Risse =

Ich sitz vor einem kleinen Haus.
Alt und verwaschen sieht es aus.
Die Steine kommen aus der Wand,
und mancher Riss im Putz sich fand.

Da frag ich mich: wie wird es sein,
wenn man mit Geisteskraft allein
die Lücken im Gestein verschließt
und Äther in die Risse gießt?

= Zur Göttlichen Prinzipienwelt =

Des Abends spür die Leere ich,
doch bin ich guter Dinge,
denn noch wartet die Stillezeit,
die ich mit mir verbringe.

Dann schau ich den Kerzenschein
und pflege die Verbindung
zur Göttlichen Prinzipienwelt
mit bester Glückesfindung.

= Mehr vom Licht =

Wie würd das rost'ge Gitter
wohl in 5D aussehn?
Würd's glänzend sein? Vergoldet?
Wie kann ich das verstehn?

Ein Fenstergitter wird dann
wohl nicht mehr nötig sein.
Niemand braucht sich verschanzen,
und mehr vom Licht darf rein.

= Wandel =

Es ist erstaunlich, wie die Welt
in 3D funktioniert
und flächendeckend sie in Richtung
Freiheit jetzt marschiert.

Es fliegen Mechanismen auf,
und ich hätt nie geahnt,
dass so viel sich den Weg jetzt an
die Oberfläche bahnt.

So seh ich Schmerz, der sich bald löst,
in manchem Menschgesicht
und danke für die GÜTE, LIEBE
und das Christuslicht.

= Was heut noch in der Knospe =

Vergessen ist die Sorge,
vergessen ist das Leid.
Zurück bleiben die Leere
und frohe Heiterkeit.

Bald leise die Erwartung
schon von dem Morgen spricht.
Was heut noch in der Knospe,
schaut dann das Tageslicht.

= Palmenbaum =

Es steht der Palmenbaum vergnügt
auf seiner Fußwegmitte,
genießt und zählt, tagaus, tagein,
die vielen Menschenschritte.

Die vielen Menschenschritte zählt
der Palmbaum ganz vergnüglich
und kostet viel vom Sonnenlicht.
Das schmeckt ihm ganz vorzüglich.

= Möwenbeobachtungen =

Die Möwe überm Hausdach kreist
und auch über die Straße.
Dann wieder überm Hausdach, ganz,
wie ich es hier verfasse.

So dreht sie ihre Runden, und
wie das Gedichtlein endet,
hat sie sich einer neuen Bahn
im Fluge zugewendet.

= Standleitung zum Höh'ren Selbst =

Liebes Höh'res Selbst, ich dank dir,
dass du stets erreichbar bist,
damit ich dich kontaktiere,
was der Kopf manchmal vergisst.

Wenn ich mich dann leis besinn und
die Verbindung kultivier,
stärk ich einen inn'ren Muskel.
Höh'res Selbst, ich danke dir.

= Lernerfahrungen =

Wie ich ganz leis nach innen lausch
und eine Frage stelle,
find ich den Weg zur Antwort hin:
mal langsam, mal mit Schnelle.

Die Nicht-Einmischung und Respekt
mir sanft das Weglein weisen.
Ich bleib bei mir, und jeder darf
durchs eigne Leben reisen.

= Wenn du hinterfragst =

Wenn sich Menschen nicht verstecken
hinter Masken und Fassaden,
hinter i-Phones, Haus und Kindern,
kann sich GOTTES GLÜCK entladen.

Wo sich Menschen selbst erkennen
und nicht mehr bestechlich sind,
wo sie ihren Sinnen trauen,
da ersteht das CHRISTUSKIND.

Denn der CHRIST ist in uns allen,
und wenn Altem du entsagst,
kann das GLÜCK zutage treten,
weil du endlich hinterfragst.

= Froh dreht sich der Photonlichtkranz =

Froh dreht sich der Photonlichtkranz
ums rege Denkerhaupt,
und freudvoll das Gedankenreich
von Altsubstanz entstaubt.

Die Zellen räkeln sich vergnügt
und lächeln tiefentspannt,
wie's Christlicht seinen rechten Platz
im Steuerhaus bemannt.

Wie nun mein Blick schweift, seh ich mit
Pläsier im Kollektiv
manch weitren Leuchtturm, den der QUELL
zum Aufräumdienst berief.

= Regenrinne =

Mit Steinchen ist die Regenrinne
vor dem Haus verkleidet.
Dort hat die Spur der Zeit den Stein
mit dunklem Braun umkreidet.

Mit einem Stücklein Phantasie
ein Auge auf dem Rund
der Hauswand tut die Künstlerhand
des Regenwassers kund.

= Intuitionsaffin =

Gern will ich etwas erleben,
gern will ich einen Termin.
Leise lausch ich drum nach innen,
ganz intuitionsaffin.

Schon vernehme ich das Stimmchen
als gefühlte Kontraktion.
Diesen Plan verwerf ich, und ein
andrer findet sich dann schon.

= Für die Menschheit und die Welt =

Wenn ich auf Konstellationen
mit in das Szenario geh,
zeigen sich die Emotionen.
Manchmal zieht's dann und tut weh.

So in unserer Verbindung
ich gestärkt und heil dich seh,
helf ich, dass sich Altempfindung
korrigiere und entdreh.

Der Verstand könnte noch attern,
doch das Dramaspiel zerfällt,
und das bringt dann weitere Heilung
für die Menschheit und die Welt.

= Glücksanhebung =

Manchmal komm in Stimmung ich,
mit der Welt zu streiten.
Werd ich damit wohl mehr Schmerz
oder Glück bereiten?

Gern kommt dann der Ärger raus,
und ich such, mit Worten
Sinnvolles zu sagen und
mich zentriert zu orten.

Hierbei lern ich: Mit Verzeihn,
Herzkraft und Vergebung
wäscht das Bühnenbild sich rein
und folgt Glücksanhebung.

= Bewussterwerdung =

Wie kann ich Ärger konstruktiv
in seinen Ausdruck bringen,
mit sanfter Dezibelzahl, frei
von Säbelrasselklingen?

Gewiss helfen der Friedensfokus
und bewusste Erdung,
ein tiefes Atmen in den Bauch
und die Bewussterwerdung.

= Empathie =

Manchmal kommt anstatt des Ärgers
auch die Freundin Empathie.
Ich halt meine Hufe stille,
und voll Freude leuchtet sie.

Voller Glück und guter Dinge
stell ich dann begeistert fest,
dass sie sich mit stetem Training
immer öfter sehen lässt.

= Fliegentier =

Auf meinem Tisch ein Fliegentier
ganz mutig ist gelandet.
Sechs Beine hat's, ist filigran
und rechts von mir gestrandet.

Wie ich den Stift zück, ahn ich schon,
dass balde es verschwindet,
und in der Tat es bald erneut
sich in der Luft befindet.

= Friedvoll wird die Innenwelt =

Wie ich an den Menschen denke,
der mir heut ein Helfer ist,
kann voll Dankbarkeit ich lächeln,
und mein Kopf den Schmerz vergisst.

Gleich drei Szenen hat das Leben
mir heut in den Blick gestellt.
Schon entspannt sich mir das HERZ,
und friedvoll wird die Innenwelt.

= Vergebung kehrt ins Land =

Wie ich an das Muster denke
und es leise mir beseh,
sind dort weitere Lernlektionen,
deren Sinn ich heut versteh.

Meinem mitmenschlichen Spiegel
reich ich brüderlich die Hand.
Leis klärn sich die Emotionen,
und Vergebung kehrt ins Land.

= Lernbereitschaft, Herzkraft und Vergebung =

Dankbar bin ich diesem Leben,
dass es mir die Boten schickt,
um, was krumm ist, gradzubiegen,
wo das GLÜCK noch vor mir schrickt.

Wenn das Leben selektiert und
damit Frieden werden kann,
kommt es jetzt auf Lernbereitschaft,
Herzkraft und Vergebung an.

= Die Heilung des Konfliktleins =

Jedes Mal, wenn's schmerzt im Innen,
ist's ein weiterer Konflikt,
der sich aus dem Zellgedächtnis
seinen Weg ins Freie pickt.

Dann bin bestens ich beraten,
schau ich auf das Menschheitsglück
und die Heilung des Konfliktleins
in der Innenwelt zurück.

= Mit dem innern Licht =

Habe ich ein freies Taglein,
wie's der heut'ge Sonntag ist,
weichen Alltag und Routine,
und der Mut die Flagge hisst.

Dann geht's auf ins Innenweltlein,
und die Talwelt kommt in Sicht,
die ich noch durchwandern darf und
füll sie mit dem inner'n Licht.

= Wo zuvor die GÜTE weilt =

Wie ich durch das Weltlein gehe,
baue ich ein Kraftfeld auf,
atme ein das Christuslicht und
lass den Dingen ihren Lauf.

Wenn ich später dann Bilanz zieh,
ist ein Stück der Welt geheilt,
und das Außen zeigt sich friedvoll,
wo zuvor die GÜTE weilt.

= Wieder sitz ich bei dem Häuslein =

Wieder sitz ich bei dem Häuslein,
wo zuvor sich an der Wand
Regenwasserfeuchtigkeit in
Form von Witterung einfand.

Jahre kommen, Jahre gehen.
Ihre Spuren schreibt die Zeit,
und der Dichterling die Worte
zeilenwärts nach unten reiht.

Die Entwicklung in Spiralen
schwingt sich auf in neue Höhn,
und wo Altes heut noch standhält,
darf bald etwas Neues stehn.

= Im Fluss der Zeit =

„Fühl mich", sagt das kleine Schmerzlein,
„lauf nicht länger vor mir weg,
da ich mich vielleicht sonst in dein
spät'res Zukunftlein erstreck.

Wo ich mich dir präsentiere,
ist das Fühlen eine Chance
und trägt dich bei klarem Fokus
hin zu Reinheit und Balance.

Wenn du mich in Liebe anschaust,
dann bin ich zum Gehn bereit,
und was du zurückgehalten,
löst sich auf im Fluss der Zeit.

= Freudvoll übers Lebenswasser =

Freudvoll bitt' mein Höh'res Selbst ich,
dass es mir das Weglein weist,
wie mein Kahn zum Wohl des Ganzen
übers Lebenswasser reist.

Stille tut sich mir der Raum auf,
und das Wohlgefühl verspricht,
wo die Wasser tief und klar sind
und wo heut vielleicht noch nicht.

So geht's weiter auf der Reise,
und bei sanftem Rückenwind
mit dem weisen Herzenskompass
ich die beste Strömung find.

= Wie mein Weltlein ich durchfühle =

Wie mein Weltlein ich durchfühle,
zeigt sich ein bekannter Schmerz,
und ich seh mich auf der Skala
grad a bissel runterwärts.

Jedoch zeigt mein Herzenskompass
mir die nächste Stufe an,
auf der ich dank Heilungsfokus
gleich viel besser stehen kann.

So ist das Verlassenwerden
schon ein altvergang'nes Ding,
doch das Leben zeigt mir heute,
wo noch was zu lösen hing.

Wieder atme ich das Christlicht,
lade Hochfrequenzen ein
und tank meine Körperzellen
auf im innern Sonnenschein.

Blick ich etwas in die Zukunft,
hat ein Schichtlein sich gelöst,
und das nächste längst geduldig
dem Release entgegendöst.

= Zeit für ein Mandelmilchlein =

Zeit ist's für ein Mandelmilchlein
mit dem Zimtschaum obenauf,
und gleich geht es auf der Leiter
wieder eine Sprosse rauf.

Weiter schau ich das Gefühlchen
an und darf ganz ehrlich sein:
wenn mein Leben ich betrachte,
bin ich längst nicht mehr allein.

= Dematerialisation =

Wie ich in die Zukunft blicke,
seh ich manche Tätigkeit,
die uns Menschen einmal eigen,
sind wir vollends lernbereit.

Dann wolln sich Obstakel lösen,
wo wir ganz in uns'rer Kraft
und das Leben durch uns Menschheit
viele neue Wunder schafft.

= Dem Fünften D =

Leise nah'n die Abendstunden,
und das Uhrwerk freudvoll tickt,
während sich das nächste Küken
aus der Eierschale pickt.

Wieder haben Lichtphotonen
diese Erdenwelt erreicht,
die sich, ganz ihrer Bestimmung,
nun dem Fünften D angleicht.

= Neue innre Welten =

Wenn ich mich vom Drama löse
und der Altfrequenz enthebe,
sind es neue inn're Welten,
denen ich entgegenstrebe.

Neue inn're Welten sind es,
denen ich entgegenstrebe,
wenn ich mich vom Drama löse
und der Altfrequenz enthebe.

= Schenk dir auch Mineralien =

Wenn du zum Kaffeegenießen
gern auch ein Stück Kuchen isst,
schau, dass du die Mineralien
für den Körper nicht vergisst.

Es kann lohnen, nachzutanken,
und manch Spurenelement
seinen Dienst und seinen Weg gut
aufgefüllt am besten kennt.

= Dein Christuspotenzial =

Nimm die kleine Unsicherheit
liebevoll auf deinen Schoß.
Wieg sie, summ ihr Melodien,
und so wird das Kindlein groß.

Dann löst du die nächste Kappe
oder auch die nächste Schicht,
und so kommt bald, Stück für Stück, dein
Christuspotenzial in Sicht.

= Die Antwort auf die Zweifel =

Schau mal, du hast so viel Arbeit
und das Geld fließt zu dir hin.
Glaubst du, dass ich dich betrüge
und ein Fallensteller bin?

Lang schon kennst du das Gefühlchen,
das voll GÜTE zu dir spricht,
welchen Weg es lohnt zu gehen
und welch andern besser nicht.

Doch hab ich durchaus Verständnis,
und vielleicht gehört dazu,
dass die Furchtgewohnheit langsam
ausvibriert und kommt zur Ruh.

= Unrealitätchen =

Wie ich so durchs Leben geh,
drehend an den Rädchen,
frag ich: baute ich mir auch
Unrealitätchen?

Denn das Universum sorgt
doch für seine Kinder.
Sind denn manche blickig und
andre etwas blinder?

Ich beschließ, den Mangel mal
einfach zu vergessen,
und begrüß die Abundanz
folglich und indessen.

= Wie ich lerne, zu vertrauen =

Wie ich lerne, zu vertrauen,
klopfet die Versuchung an,
um zu prüfen, ob ich mich denn
wirklich schon gedulden kann.

Und ich spür, nicht ist die Zeit jetzt,
irgendwas zu kontrollieren.
Demnach warte ich und weiß, so
kann ich dieses austariern.

= Innere Versöhnung =

Auf meinen Arm nehm ich geschwind
mich selbst und mein Geschwisterkind,
halte uns dort, sodass wir drei
geeint eine Familie sind.

An meiner Schulter ist viel Platz
für mich und den Geschwisterschatz.
Ich atme das Konfliktlein aus
und bald im Hause Frieden hat's.

= Selbstbewusst =

Herr Schüler, bitte warten Sie.
Noch acht Minuten sind.
Wenn Sie denn möchten, machen wir
noch Nummer 5 geschwind.

Oh nein, Herr Lehrer, vielen Dank.
Ich möcht' jetzt gern schon gehn.
Wir sehen uns am Dienstag dann –
mit ‚homework'. Wiedersehn.

Im Grunde freue ich mich da
und grinse selber sehr.
Wenn Menschen selbstbewusster sind
ist's oftmals ein-fa-cher.

= Dein Glaube hat dir geholfen =

Wie ich in dunkler Stunde sitz
und innre Festen wanken,
will mir ein positiver Satz
ins Reich meiner Gedanken.

Wie ich alsdann die Überschrift
noch einmal mir beschaue,
atme ich aus und weiß, dass ich
ganz dem Prozess vertraue.

= Kleiner Tod =

Es schreit das Ego lauthals auf:
„Welch Ungerechtigkeit!!!"
Doch löst das Schmerzlein sich wohl nur,
wenn man hier ganz verzeiht.

So geh ich ins Gefühl hinein
und sterb den kleinen Tod.
Da fällt mir auch die Lösung ein
und enden kann die Not.

= Kleines neues Leben =

Das kleine Leben ist erwacht,
seit Göttliche Verbindung
zur höchsten Licht- und Liebesmacht
mir dient zur Glückesfindung.

Das Liebeslicht löst manche Schicht,
die auf dem Schatzlein lieget,
bis dass die innre Reinheit spricht
und reinste Strahlkraft sieget.

DIE
GESCHICHTEN

= Günter der Starke =

Ein kleines Rumpelgewitter war aufgezogen. Die Blitze zuckten am inneren Firmament, und reichlich Regenwasser ging zur Erde nieder. Dazu ließen sich leichtere Erdplattenbewegungen vernehmen, und die Trichterskala zeigte irgendetwas Komma drei.

Günter befand sich in einem mit warmen Farben gestalteten Saal, wo das Singen tibetanischer Klangschalen ihm und weiteren Anwesenden Entspannung bescherte, aber auch das eine oder andere innere reinigende Erdbeben.

Ein dumpfes Unwohlsein machte sich in Günters Nabelgegend bemerkbar, als der Lügen-Turm in seinem inneren Szenario plötzlich erzitterte. Der Turm geriet ins Wanken ging komplett zu Boden. Nach fünf Minuten hatte sich der Staub etwas gelegt, und man sah Stein neben Stein auf der Erde liegen.

Als das Regenwasser das Szenario reinwusch, musste Günter etwas kräftiger husten. In seiner Halsregion arbeitete es. Irgendein Brocken hatte sich dort gelöst, und wie durch Zufall tat sich über dem Meditationsraum mit einem Mal der Himmel auf. Von oben lugte ein verschmitztes Stück

Hellblau durch die Wolkendecke. Jetzt konnte Günter endlich erleichtert durchatmen.

Ihn störte auch nicht, dass der Lügen-Turm mit seiner schicken Fassade auf dem inneren Bühnenbild nun gar nicht mehr da war.

Anstelle des besagten Bauwerks schien dort jetzt ein magischer Wahrheitsbaum in die Höhe zu wachsen. Dieser nutzte den kräftigenden Regen für sich und verankerte seine Wurzeln genau dort im Erdreich, wo zuvor der Turm gestanden hatte.

Günter runzelte die Stirn: Sah dieses neue und ganz andere innere Bühnenbild mit dem großblättrigen, Schatten spendenden und äußerst schnell-wüchsigen Baum der Wahrheit vielleicht sogar viel besser aus?

= Günter räumt auf =

Günter mochte nicht mehr. Wahrscheinlich hatte er monatelang wer weiß wie viele Winzigpartikel eingeatmet in dem Glauben, seiner Gesundheit etwas Gutes zu tun.

Anfangs zögerte er, denn schließlich hatte sich sein gesamtes Umfeld während der Bitte-bleiben-Sie-zu-Haus-Zeit gefühlt wie eine Herde gutgläubiger Schafe benommen.

Dann hielt er inne und entsann sich so eines kleinen Gefühls, welches während all der Reden eloquenter Fernsehsprecher immer wieder leise, aber dennoch beharrlich, protestierte.

Konnte denn dieses Gefühl, welches seit Günters Verzicht auf Alkohol immer intensiver und klarer wurde, schon damals Recht gehabt haben?

War diese innere Wahrnehmung sogar imstande gewesen, ihn auf einen Pfad des Glücks zu bringen, welchen er jetzt, nach Jahrzehnten seines Lebens, endlich betrat?

Nachdem er seinen Hausmüll nach gründlicher Aufräumaktion entleert hatte, lagen nun Günters zahlreiche Stoffmasken in dem großen Abfallcontainer.

Warum bloß war das kleine beharrliche Wohlgefühl in seinem HERZEN auf einmal so glücklich und stolz auf ihn?

= Günter wünscht sich Frieden =

Gerade hatte der Nachrichtensprecher seinen Text aufgesagt. Günter fand es bei bestem Willen ganz erstaunlich, dass bei so viel Demokratie- und Friedensbemühungen alles auf der Welt a) immer schief und b) stets den Bach runter gehen sollte.

Aber stimmte das denn?

Ihm war aufgefallen, dass inzwischen mehr und mehr Leute in seinem Umfeld ohne Fernseher lebten und dass ausgerechnet diese anfangs wenigen Personen mit der Zeit alle immer glücklicher aussahen. Allein das fand er schon bemerkenswert, aber dazu kam noch etwas Anderes, nämlich dass all jene, die einmal eine Woche Ferien ohne Mobiltelefon machten, viel gesünder und erholter ausschauten als vorher.

Dabei müsste es den vielen k-Phone-Besitzern doch eigentlich immer besser gehen, denn man hatte ihnen das k-Phone als Klug-Phone verkauft. Oder hatte man mit der Erfindung dieser Geräte etwas Anderes bezwecken wollen?

Günter beschloss, dies alles einmal in Ruhe weiter zu beobachten. Denn er hatte noch etwas festgestellt. Vor ein paar Tagen war ihm beim

Blättern in seinem Mondkalender des Vorjahres ein Zitat des Philosophen Lao Tse vom Planeten ERDE begegnet.

Das Zitat lautete:

Damit es Frieden in der Welt gibt,
müssen die Völker in Frieden leben.
Damit es Frieden zwischen den Völkern gibt,
dürfen sich die Städte nicht
gegeneinander erheben.
Damit es Frieden in den Städten gibt,
müssen sich die Nachbarn verstehen.
Damit es Frieden zwischen den Nachbarn gibt,
muss im eigenen Haus Frieden herrschen.
Damit im Haus Frieden herrscht,
muss man ihn im eigenen Herzen finden.

Konnte es sein, dass dieser Lao Tse mit seinem Zitat richtig lag?

Günter grinste amüsiert und wollte sich heute Abend, nur so zum Spaß, mit seinem Teleskop einmal wieder den nächtlichen Sternenhimmel beschauen.

Wer weiß, wer weiß . . . 😊 . . . ?

= Sinneswandel auf dem Planeten REED =

Die innere Veränderung war bei den Reedianern gekommen. Sie war wichtig, denn negative Gewohnheiten hatten sich zu stark in den Herzen und Köpfen der Planetenbewohner festgesetzt.

So bemerkten diese jetzt immer, wenn ihnen ein Mitmensch die Wahrheit sagte, ein angenehmes und ruhiges Wohlgefühl. War jedoch Unwahrheit im Spiel, verzerrte sich der Frieden in ihren Herzen.

Dies konnte man dann nur mit der Einnahme geheimnisvoller roter Kügelchen oder grünlicher Starkgetränke übertünchen. Davon wurden die Reedianer aber entweder abhängig oder krank.

Also ließ man auf der Violetten REED von Übertünchmitteln ab, was bald ganze Zweige der Wirtschaft dazu brachte, sich umzuorientieren.

Sogar Industriekapitäne und Staatenlenker hatten bei öffentlichen Reden entweder ihr Unwohlsein mit Grimassen verbergen oder vor laufender Kamera in immer höheren Dosen jene Mittel einnehmen müssen. Das aber war allen Menschen aufgefallen, und so entschied man, die Parlamente auf dem Planeten REED gänzlich zu schließen.

Niemand wollte mehr Politiker sein. Ob das wohl an dem Geschmack der Camouflier-Kügelchen und des Starkgetränks gelegen hatte?

Wer weiß, aber die Herzen der Bevölkerung waren letztlich komplett wahrheitsliebend und friedvoll geworden, und die Produktion fragwürdiger Substanzen wurde eingestellt.

Dazu kam, dass Entscheider höherer Ränge seit der Zeit des Wandels auf der REED von niemandem mehr erpresst oder verführt werden konnten und dass die Bevölkerung ihnen, und auch sich selbst, zu vergeben bereit war.

Ob auf anderen Planeten der Schokomilchgalaxie wohl gerade Ähnliches passierte?

Der Autor über sein Schaffen
und sich selbst

Matthias der Frohpoet wurde 1978 geboren, gibt hauptberuflich Deutschunterricht und lebt ohne TV und ohne Alkohol in seiner Wahlheimat Spanien. Seine Gedichte und kleinen Geschichten entstehen zumeist in Alltagsmomenten innerer Einkehr und Stille. Dann öffnet sich der Zugang zur Quelle der Inspiration, und die Worte beginnen zu fließen.

Bevorzugte Themen des Frohpoeten sind Selbsterkenntnis mit der damit verbundenen Bewusstseinserweiterung und das Schauen über den gesellschaftlichen Tellerrand. Die meisten der empfangenen Gedichte sind auf Deutsch, weitere entstehen auf Englisch und Spanisch.

Im Fokus des Autors ist immer wieder der eigene Herzensfrieden, welcher beim Individuum selbst beginnt, um sich dann in der Welt fortzupflanzen. Bei diesem inneren Prozess des Wachstums geschieht es oft, dass sich antrainierte Glaubensmuster und Konditionierungen als nicht mehr dienlich erweisen. Dies ist immer dann der Fall, wenn sie nicht in eine Welt passen, in welcher die seelische Weiterentwicklung des Menschen hin zu einem wertschätzenden, liebevollen und alles Leben fördernden Miteinander im Vordergrund steht.

Dabei geht der Frohpoet selbst durch innere Krisen und leistet begeistert die damit verbundene Selbsterkenntnis- und innere Heilungsarbeit. Denn möglicherweise ist das in uns Menschen angelegte Potenzial viel größer, als es derzeit für gewöhnlich in der Alltagswelt vermittelt wird.

Eventuell wird bald offenbar werden, wie sich die Menschheit jetzt schrittweise, von der Geistigen Welt liebevoll unterstützt und geführt, hin zu einer höheren Reife und damit zur Entfaltung eines in ihr angelegten Potenzials entwickelt, welches in Johannes 14:12 beschrieben ist.

Matthias der Frohpoet
Januar 2024

Bisherige Veröffentlichungen

1 **Als Mensch bin selbst ich Schöpfer** ·
Poesie aus Natur, Alltag und Spiritualität;
Frohpoet

2 **Sondern sammelt euch Schätze im Innen** ·
Poesie über Sonne, Regen und den Sinn
des Lebens; *Frohpoet, Sichert & Bock*

3 **Poesie von den Freunden der Mandel-
bäumchen** · Lyrik, Poesía, Poetry;
Frohpoet & Goldberg

4 **Frohsinn fürs schöpferische
Unterbewusstsein**; *Frohpoet*

5 **Sunshine Poetry and Personal Growth**;
Happy Poet

6 **Water for the Baikal Lake** · Spiritual
Poetry; *Happy Poet*

7 **La Despertà** · Poesía Espiritual; *Poeta
Alegre*

8 **Selbsterkenntnisfleiß** · Gedichte aus der
Schattenwelt; *Köhler & Frohpoet*